Impressum
Verlag: BABADADA GmbH, Nedderfeld 112 , 22529 Hamburg
Geschäftsführer / Verlagsleitung: Harald Hof
Druck: Books on Demand GmbH, In de Tarpen 42, 22848 Norderstedt

Imprint
Publisher: BABADADA GmbH, Nedderfeld 112 , 22529 Hamburg, Germany
Managing Director / Publishing direction: Harald Hof
Print: Books on Demand GmbH, In de Tarpen 42, 22848 Norderstedt

school

škola

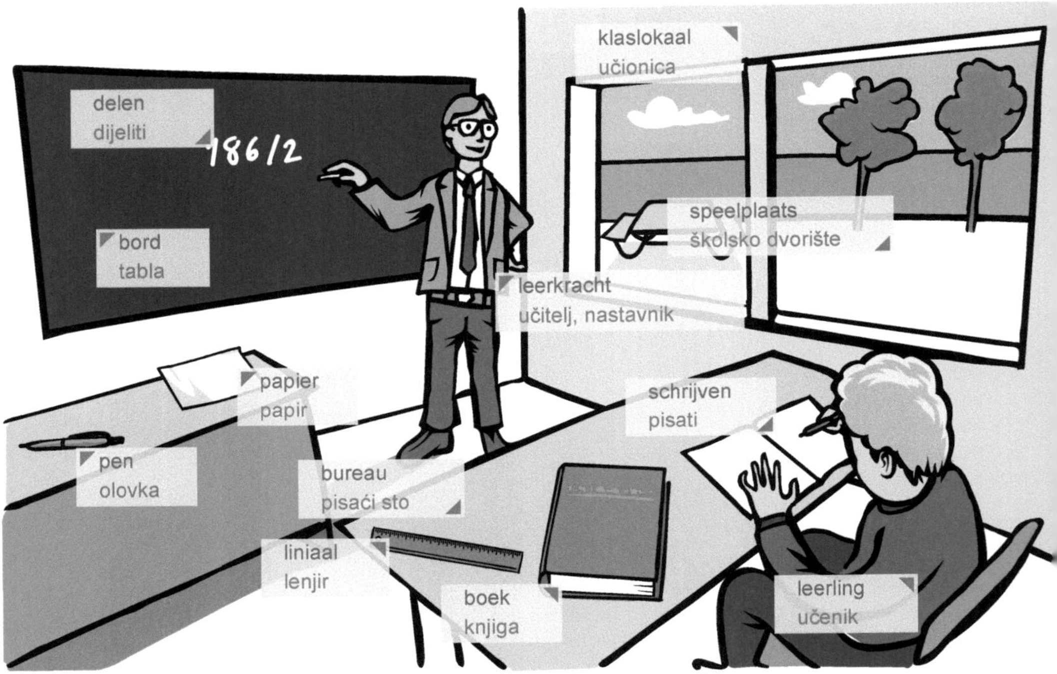
klaslokaal
učionica
delen
dijeliti
186/2
bord
tabla
speelplaats
školsko dvorište
leerkracht
učitelj, nastavnik
papier
papir
schrijven
pisati
pen
olovka
bureau
pisaći sto
liniaal
lenjir
boek
knjiga
leerling
učenik

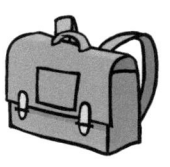

schooltas

torba

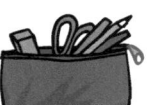

pennenzak

pernica

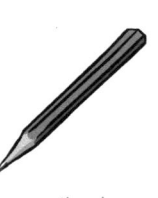

potlood

drvena olovka

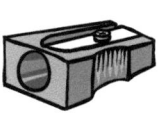

puntenslijper

šiljalo za olovke

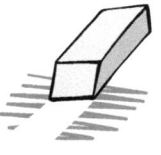

gom

gumica

tekenblok

blok za crtanje

tekening

crtež

verfborstel

kist

verfdoos

kutija s bojama

schaar

makaze

lijm

ljepilo

werkboek

vježbanka

huiswerk

domaća zadaća

nummer

broj

optellen

sabirati

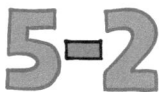

aftrekken

oduzimati

vermenigvuldigen

množiti

rekenen

računati

letter

slovo

alfabet

abeceda

woord

riječ

tekst

tekst

Lezen

čitati

krijt

kreda

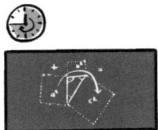

les

sat

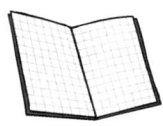

klassenboek

školski dnevnik

examen

ispit

certificaat

svjedočanstvo

schooluniform

školska uniforma

onderwijs

izobrazba

encyclopedie

leksikon

universiteit

univerzitet

microscoop

mikroskop

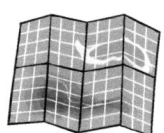

kaart

karta

papiermand

korpa za papir

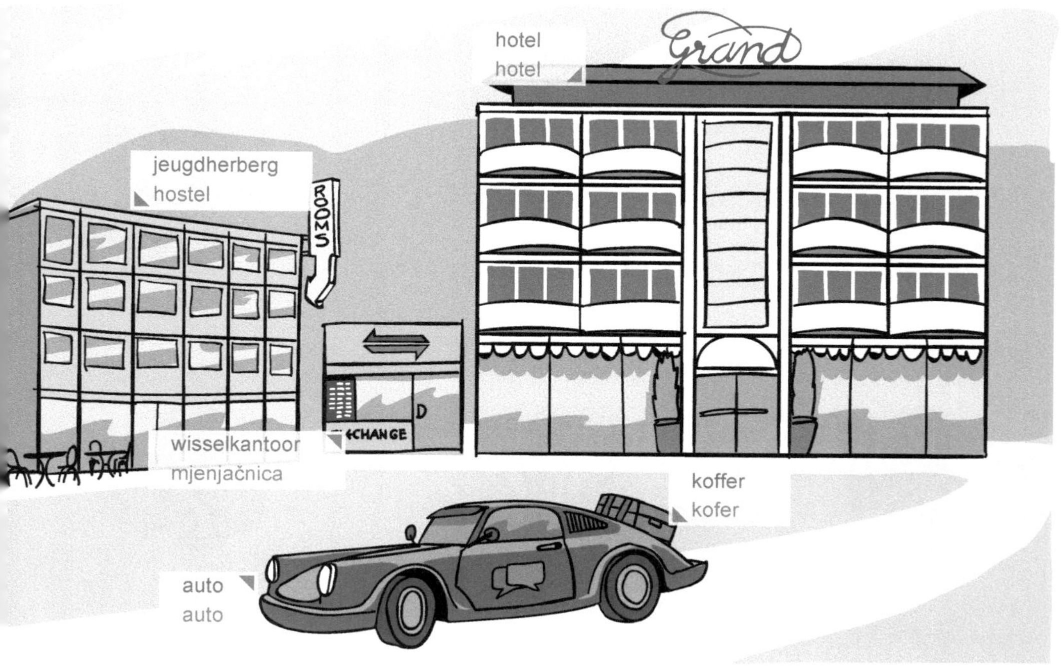
hotel
hotel
Grand
jeugdherberg
hostel
ROOMS
wisselkantoor
mjenjačnica
koffer
kofer
auto
auto

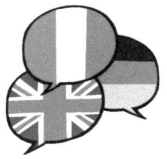

Taal
jezik

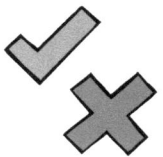

ja / nee
da / ne

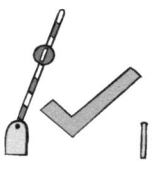

oké
okej

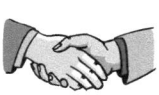

hallo
zdravo

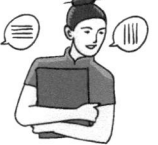

vertaler
tumač

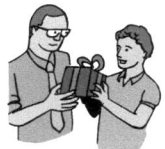

bedankt
hvala

Hoeveel kost ...?

Koliko košta...?

Ik begrijp het niet

Ne razumijem

probleem

problem

Goedenavond!

dobro veče!

Goedemorgen!

Dobro jutro!

Goedenavond!

Laku noć!

Tot ziens

doviđenja

richting

smjer

bagage

prtljag

zak

torba

rugzak

ruksak

gast

gost

kamer

soba

slaapzak

vreća za spavanje

tent

šator

reis - putovanje

toeristeninformatie

turističke informacije

strand

plaža

kredietkaart

kreditna kartica

ontbijt

doručak

lunch

ručak

avondeten

večera

ticket

putna karta

lift

lift

postzegel

poštanska markica

grens

granica

douane

carina

ambassade

ambasada

visum

viza

paspoort

pasoš

reis - putovanje

transport
transport

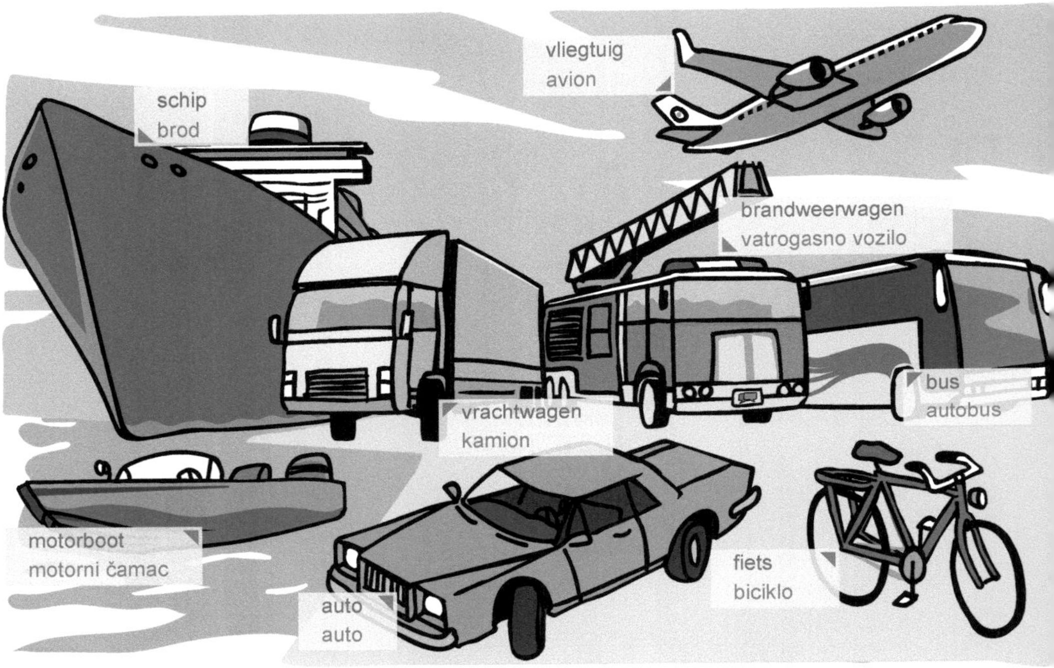
vliegtuig
avion
schip
brod
brandweerwagen
vatrogasno vozilo
bus
autobus
vrachtwagen
kamion
motorboot
motorni čamac
fiets
biciklo
auto
auto

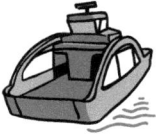

veerboot

trajekt

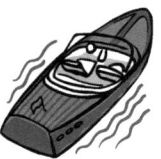

boot

brod

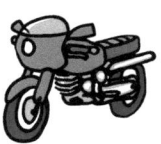

motor

motocikl

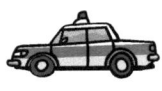

politiewagen

policijski automobil

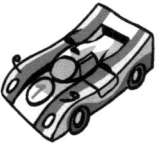

racewagen

trkaći automobil

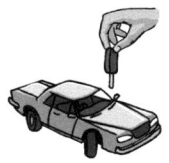

huurauto

unajmljeni automobil

carpoolen

kar-šering

sleepwagen

pauk

vuilniswagen

smećarsko vozilo

motor

motor

benzine

gorivo

benzinestation

benzinska pumpa

verkeersbord

saobraćajni znak

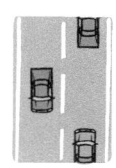

verkeer

saobraćaj

file

zastoj

parkeerplaats

parking

station

željeznička stanica

sporen

šine

trein

voz

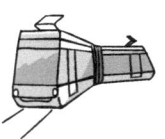

tram

tramvaj

wagon

vagon

transport - transport

9

helikopter
helikopter

luchthaven
aerodrom

toren
toranj

passagier
putnik

container
kontejner

karton
karton

kar
tačke

mand
korpa

opstijgen / landen
poletjeti / sletjeti

stad
grad

dorp
selo

stadscentrum
centar grada

huis
kuća

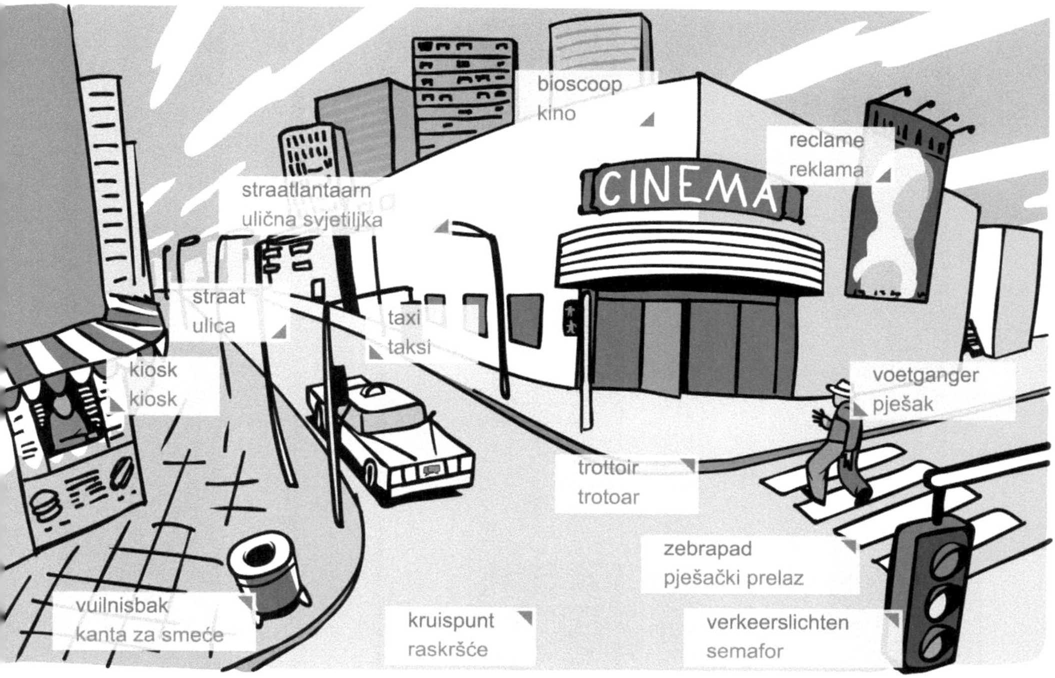
bioscoop
kino
reclame
reklama
CINEMA
straatlantaarn
ulična svjetiljka
straat
ulica
taxi
taksi
kiosk
kiosk
voetganger
pješak
trottoir
trotoar
zebrapad
pješački prelaz
vuilnisbak
kanta za smeće
kruispunt
raskršće
verkeerslichten
semafor

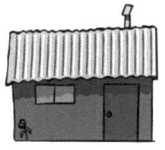

hut

koliba

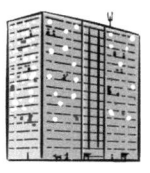

woning

stan

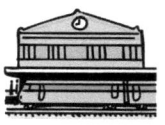

station

željeznička stanica

stadshuis

vjećnica

MUSEUM

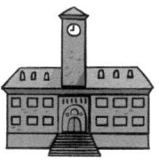

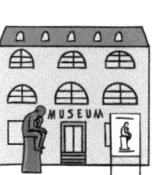

museum

muzej

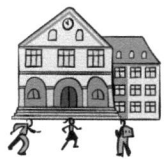

school

škola

universiteit

univerzitet

bank

banka

ziekenhuis

bolnica

hotel

hotel

apotheek

apoteka

kantoor

ured

boekwinkel

knjižara

winkel

radnja

bloemenwinkel

cvjećara

supermarkt

supermarket

markt

pijaca

warenhuis

robna kuća

vishandelaar

prodavač ribe

winkelcentrum

trgovački centar

haven

luka

stad - grad

park
park

bank
klupa

brug
most

trap
stepenice

metro
podzemna željeznica

tunnel
tunel

bushalte
autobuska stanica

bar
bar

restaurant
restoran

brievenbus
poštanski sandučić

straatnaambord
saobraćajni znak

parkeermeter
sat za naplatu parkinga

zoo
zološki vrt

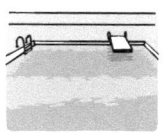

zwembad
bazen

moskee
džamija

boerderij

seosko imanje

milieuverontreiniging

zagađenje okoline

kerkhof

groblje

kerk

crkva

speelplaats

igralište

tempel

hram

landschap
krajolik

blad
list

wegwijzer
putokaz

weg
putokaz

weide
livada

steen
kamen

boom
drvo

wandelaar
putnik

rivier
rijeka

gras
trava

bloem
cvijet

vallei

dolina

heuvel

brdo

meer

jezero

bos

šuma

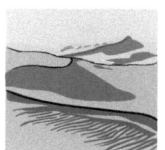

woestijn

pustinja

vulkaan

vulkan

kasteel

dvorac

regenboog

duga

paddenstoel

gljiva

palmboom

palma

mug

komarac

vlieg

muha

mier

mrav

bijl

pčela

spin

pauk

kever
buba

kikker
žaba

eekhoorn
vjeverica

egel
jež

haas
zec

uil
sova

vogel
ptica

zwaan
labud

wild zwijn
divlja svinja

hert
jelen

eland
los

dam
brana

windturbine
vjetrenjača

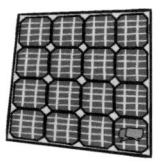

zonnepaneel
solarni modul

klimaat
klima

restaurant
restoran

ober
konobar
menu
jelovnik
stoel
stolica
soep
supa
pizza
pica
tafelkleed
stolnjak
bestek
pribor za jelo

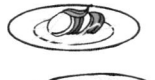

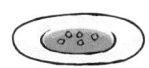

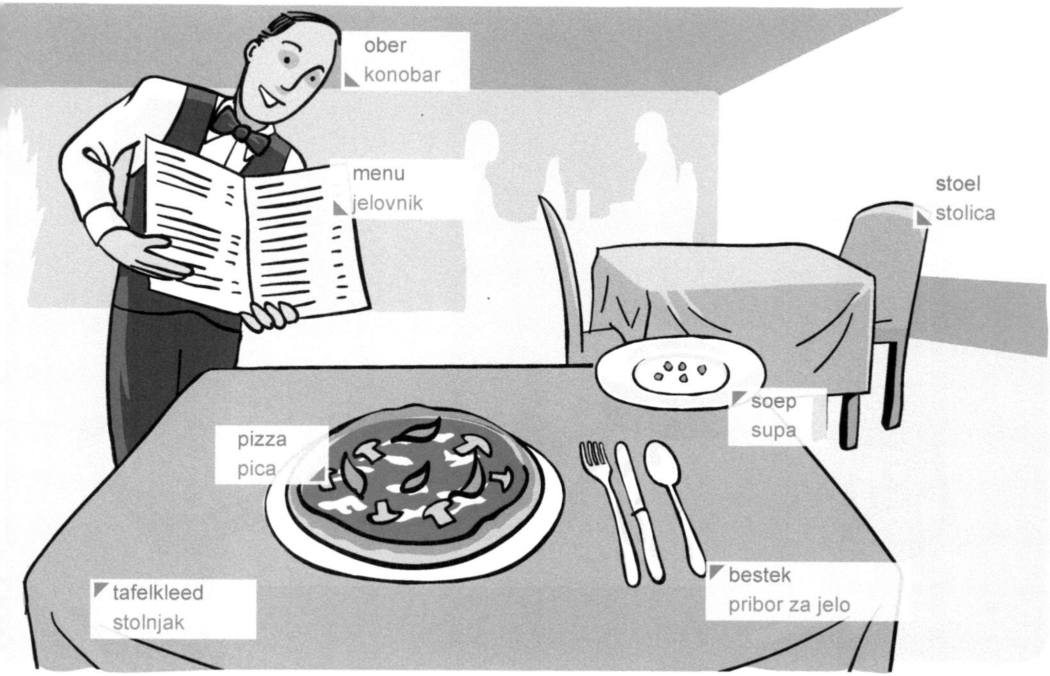

voorgerecht

predjelo

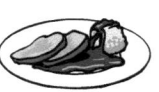

hoofdgerecht

glavno jelo

nagerecht

desert

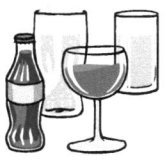

drankjes

piće

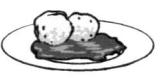

eten

jelo

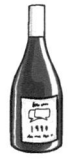

fles

flaša

fastfood

brza hrana

street food

jelo sa ulice

theepot

čajnik

suikerpot

šećernica

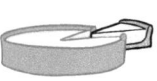

portie

porcija

espressomachine

mašina za espreso

kinderstoel

barska stolica

rekening

račun

dienblad

tacna

mes

nož

vork

viljuška

lepel

kašika

theelepel

kašičica

serviette

salveta

glas

čaša

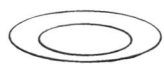

bord

tanjir

soepbord

tanjir za supu

schoteltje

tanjurić

saus

sos

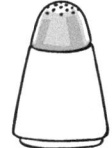

zoutvatje

solanik

pepermolen

mlin za biber

azijn

sirće

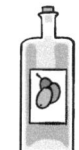

olie

ulje

kruiden

začini

ketchup

kečap

mosterd

senf

mayonaise

majoneza

supermarkt
supermarket

aanbieding
ponuda
FOR
klant
klijent
zuivelproducten
mliječni proizvodi
fruit
voće
winkelwagen
kolica za kupovinu

BUTCHERS

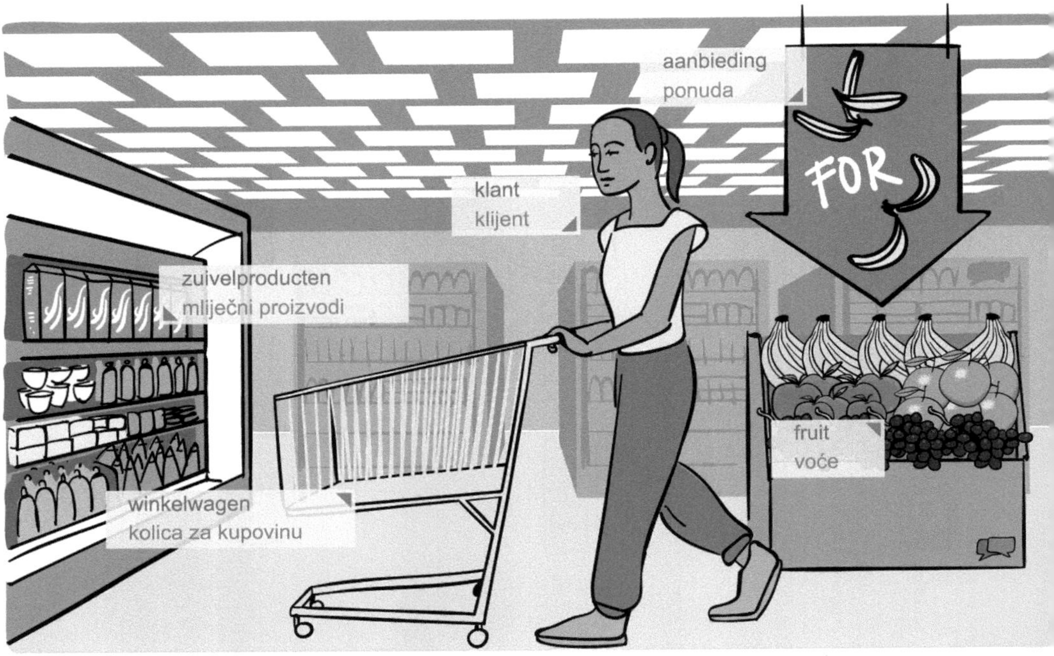

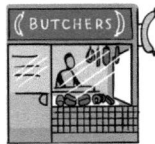

slagerij

mesnica- klaonica

BAKERY

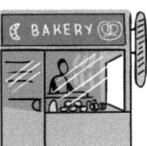

bakkerij

pekara

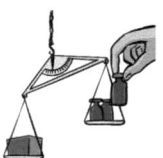

wegen

vagati

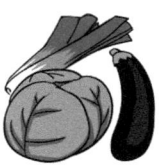

groenten

povrće

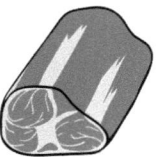

vlees

meso

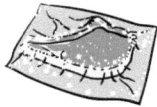

diepvriesvoedsel

zaleđena hrana

charcuterie

narezak

conserven

konzerve

waspoeder

prašak za veš

snoep

slatkiši

huishoudproducten

kućanski proizvodi

schoonmaakproducten

sredstvo za čišćenje

verkoopster

prodavačica

kassa

kasa

kassier

blagajnik

boodschappenlijstje

lista za kupovinu

openingstijden

radno vrijeme

portefeuille

novčanik

kredietkaart

kreditna kartica

tas

torba

plastieken zakje

najlonska vrećica

drankjes
piće

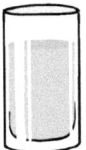

water
....
voda

sap
....
sok

melk
....
mlijeko

cola
....
kola

wijn
....
vino

bier
....
pivo

alcohol
....
alkohol

cacao
....
kakao

thee
....
čaj

koffie
....
kafa

espresso
....
espreso

cappuccino
....
kapućino

banaan

banana

appel

jabuka

sinaasappel

narandža

meloen

lubenica

citroen

limun

wortel

mrkva

knoflook

bijeli luk

bamboe

bambus

ajuin

crveni luk

champignon

gljiva

noten

orašasti plodovi

noodles

pasta

spaghetti

špagete

rijst

riža

salade

salata

frieten

pomfrit

gebakken aardappelen

pečeni krompir

pizza

pica

hamburger

hamburger

sandwich

sendvič

kalfslapje

šnicla

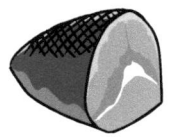

ham

šunka

salami

kobasica

worst

kobasica

kip

kokoš

braden

pečenje

vis

riba

havervlokken

zobene pahuljice

muesli

muzli

cornflakes

kornfleks

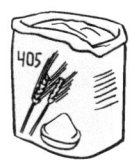

bloem

brašno

croissant

kroason

pistolet

zemičke

brood

kruh

toast

tost

koekjes

keksi

boter

maslac

kwark

svježi sir

taart

kolač

ei

jaje

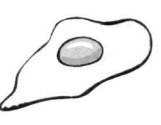

spiegelei

jaje na oko

kaas

sir

eten - jelo

ijs

sladoled

suiker

šećer

honing

med

confituur

marmelada

choco

nugat krema

curry

kuri

boerderij
seosko imanje

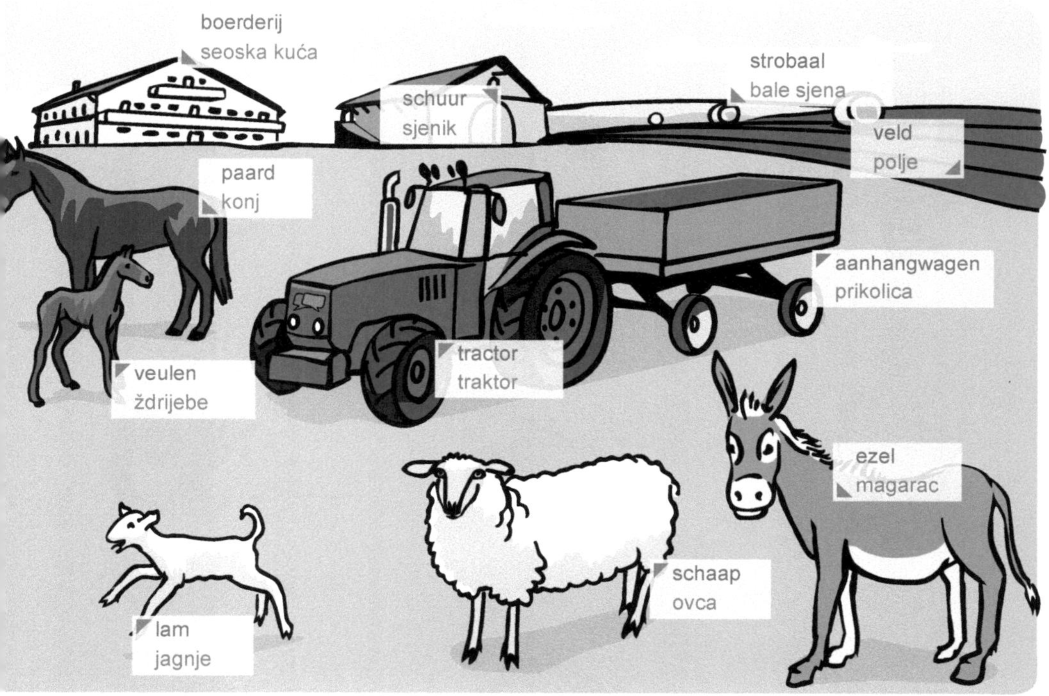
boerderij
seoska kuća
schuur
sjenik
strobaal
bale sjena
veld
polje
paard
konj
aanhangwagen
prikolica
tractor
traktor
veulen
ždrijebe
ezel
magarac
schaap
ovca
lam
jagnje

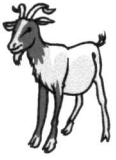

geit

koza

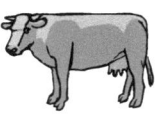

koe

krava

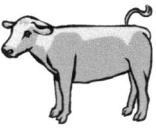

kalf

tele

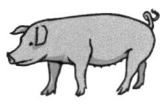

varken

svinja

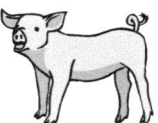

biggetje

prase

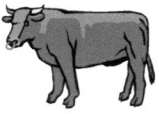

stier

bik

gans
guska

eend
patka

kuiken
pile

kip
kokoška

haan
pjetao

rat
pacov

kat
mačka

muis
miš

os
vol

hond
pas

hondenhok
pseća kućica

tuinslang
crijevo za baštu

gieter
kanta za zalijevanje

zeis
kosa

ploeg
plug

sikkel
srp

schoffel
motika

hooivork
vile

bijl
sjekira

kruiwagen
tačke

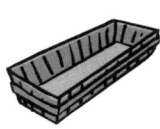

trog
korito

melkkan
bokal za mlijeko

zak
vreća

hek
ograda

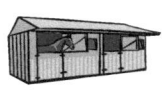

stal
štala

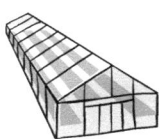

broeikas
staklenik

bodem
tlo

zaad
sjeme

mest
đubrivo

maaidorser
kombajn

oogsten
kositi

oogst
žetva

yam
jam korijen

tarwe
pšenica

soja
soja

aardappel
krompir

maïs
kukuruz

koolzaad
uljana repica

fruitboom
drvo voća

maniok
manioka

graan
žito

huis
kuća

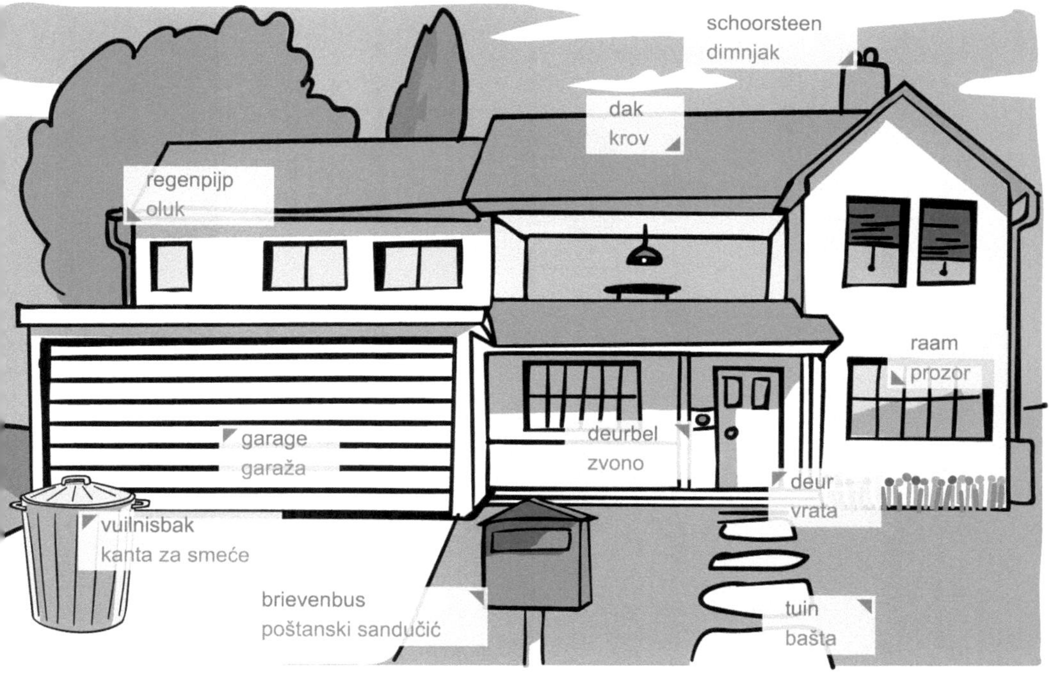

schoorsteen
dimnjak
dak
krov
regenpijp
oluk
raam
prozor
garage
garaža
deurbel
zvono
deur
vrata
vuilnisbak
kanta za smeće
brievenbus
poštanski sandučić
tuin
bašta

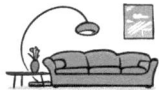

woonkamer

dnevni boravak

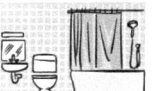

badkamer

kupatilo

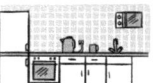

keuken

kuhinja

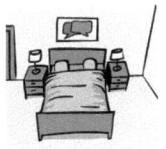

slaapkamer

spavaća soba

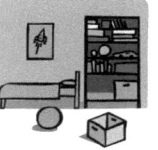

kinderkamer

dječija soba

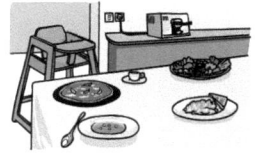

eetkamer

trpezarija

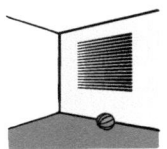

vloer

pod, tlo

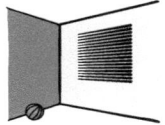

muur

zid

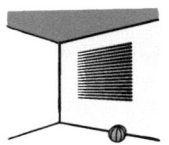

plafond

plafon

kelder

podrum

sauna

sauna

balkon

balkon

terras

terasa

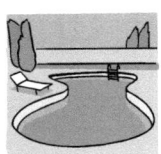

zwembad

bazen

grasmaaier

kosilica

dekbedovertrek

posteljina

dekbed

pokrivač

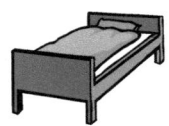

bed

krevet

bezem

metla

emmer

kanta

schakelaar

prekidač

woonkamer
dnevni boravak

behangpapier
tapeta
foto
fotografija
lamp
lampa
schap
polica
kast
ormar
televisie
televizija
open haard
dimnjak
bloem
cvijet
kussen
jastuk
sofa
kauč
vaas
vaza
afstandsbediening
daljinski upravljač

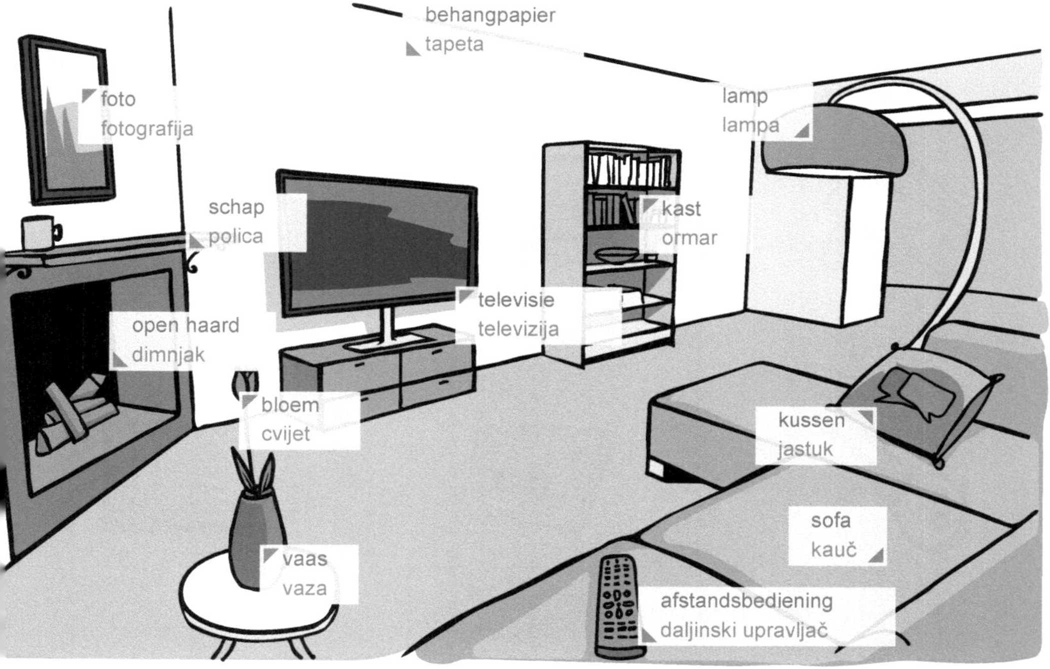

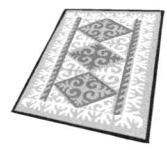

mat
tepih

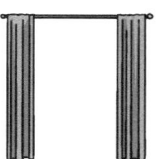

gordijn
zavjesa

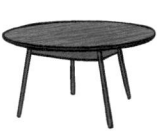

tafel
stol

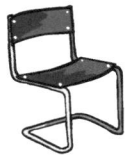

stoel
stolica

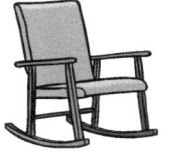

schommelstoel
stolica za ljuljanje

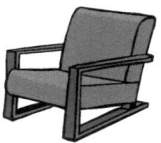

fauteuil
fotelja

boek

knjiga

deken

deka

decoratie

dekoracija

brandhout

ložno drvo

film

film

stereo-installatie

stereo uređaj

sleutel

ključ

krant

novine

schilderij

umjetnička slika

poster

poster

radio

radio

notitieboekje

blok za bilješke

stofzuiger

usisavač

cactus

kaktus

kaars

svijeća

keuken
kuhinja

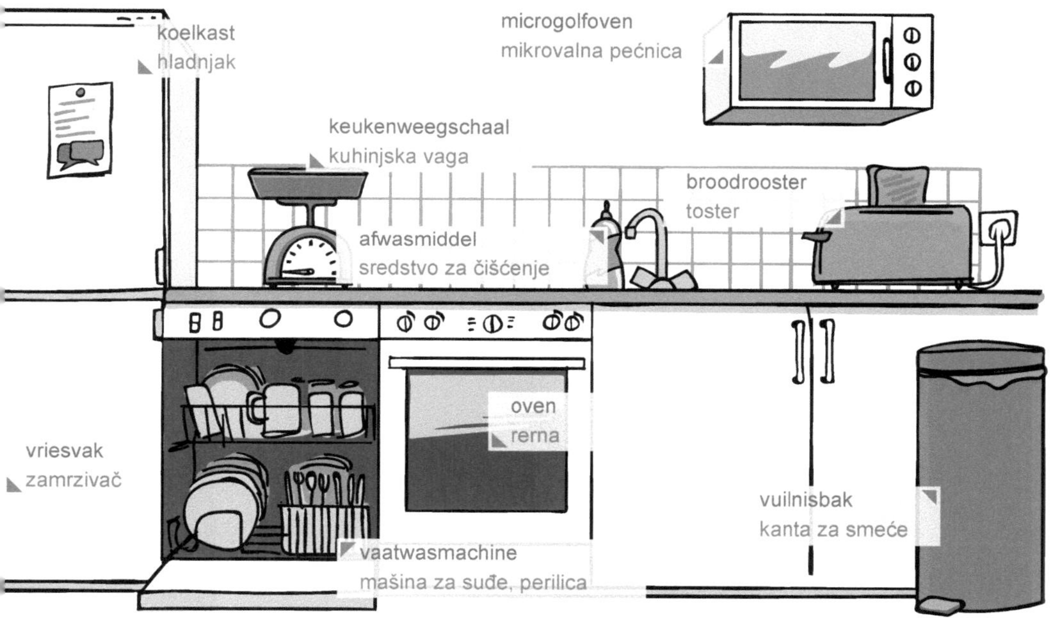

koelkast
hladnjak
microgolfoven
mikrovalna pećnica
keukenweegschaal
kuhinjska vaga
broodrooster
toster
afwasmiddel
sredstvo za čišćenje
oven
rerna
vriesvak
zamrzivač
vuilnisbak
kanta za smeće
vaatwasmachine
mašina za suđe, perilica

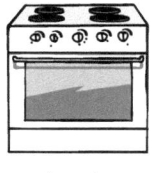

fornuis

peć

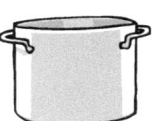

pot

lonac

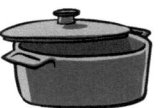

gietijzeren pot

metalni lonac

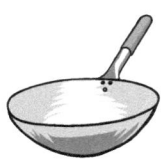

wok / kadai

vok / kadai

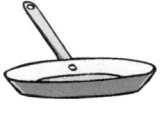

pan

tava, tiganj

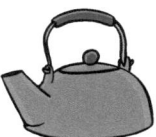

waterkoker

kuhalo

stoomkoker

aparat za kuhanje na pari

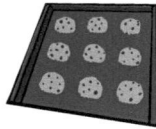

bakplaat

lim za pečenje

servies

posuđe

mok

šalica

kom

činija

eetstokjes

kineski štapići

pollepel

kutlača

spatel

lopatica

garde

metlica za snijeg bjelanjca

vergiet

sito za kuhanje

zeef

sito

rasp

ribež

mortier

avan s tučkom

barbecue

roštilj

haardvuur

ložište

snijplank

daska

deegrol

oklagija

kurkentrekker

vadičep

blik

konzerva

blikopener

otvarač za konzerve

pannenlap

krpe za lonac

gootsteen

sudoper

borstel

četka

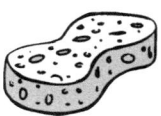

spons

spužva

blender

mikser

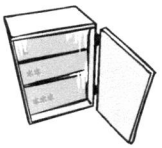

vriezer

zamrzivač

papfles

flašica za bebu

kraan

slavina

badkamer
kupatilo

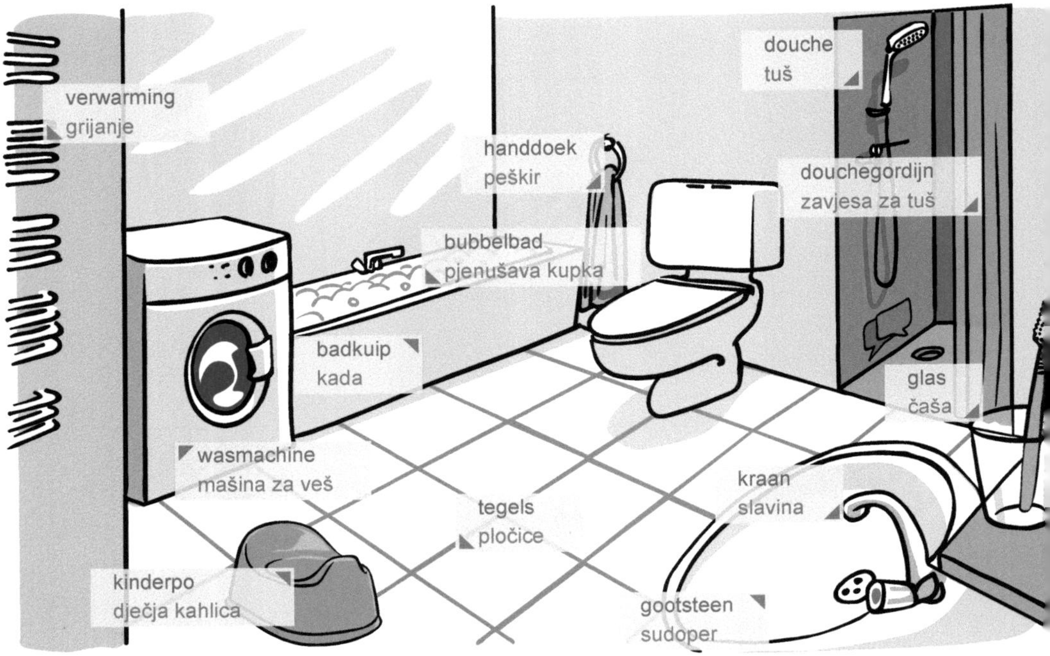
douche
tuš
verwarming
grijanje
handdoek
peškir
douchegordijn
zavjesa za tuš
bubbelbad
pjenušava kupka
badkuip
kada
glas
čaša
wasmachine
mašina za veš
kraan
slavina
tegels
pločice
kinderpo
dječja kahlica
gootsteen
sudoper

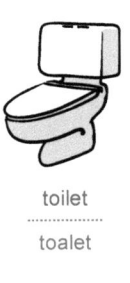

toilet
toalet

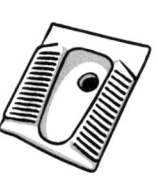

hurktoilet
čučavac

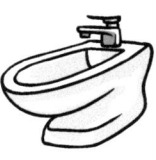

bidet
bide

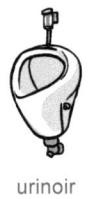

urinoir
pisoar

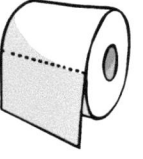

toiletpapier
toalet papir

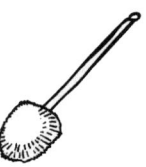

toiletborstel
četka za wc

tandenborstel

četkica za zube

tandpasta

pasta za zube

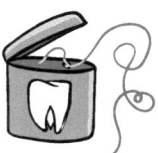

flosdraad

zubni konac

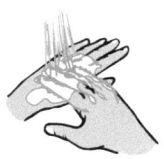

wassen

prati

handdouche

tuš

bidethanddouche

intimni tuš

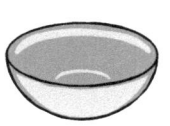

waskom

lavor

rugborstel

četka za leđa

zeep

sapun

douchegel

gel za tuširanje

shampoo

šampon

washandje

krpe za pranje

afvoer

odvod

crème

krema

deodorant

dezodorans

spiegel

ogledalo

handspiegel

ogledalo za šminkanje

scheermes

brijač

scheerschuim

pjena za brijanje

aftershave

vodica poslije brijanja

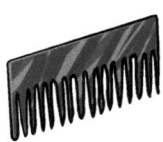

kam

češalj

borstel

četka

haardroger

fen

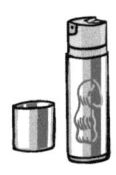

haarlak

sprej za kosu

make-up

puder

lippenstift

karmin

nagellak

lak za nokte

watten

vata

nagelknipper

makazice za nokte

parfum

parfem

toilettas

kozmetička torbica

kruk

hoklica

weegschaal

vaga

badjas

kupaći ogrtač

latex handschoenen

rukavice za čišćenje

tampon

tampon

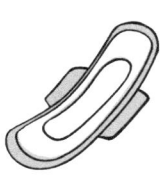

maandverband

uložak za dame

chemisch toilet

hemijski toalet

kinderkamer
dječija soba

wekker
budilnik
knuffel
plišana igračka
speelgoedauto
auto za igru
rammelaar
zvečka
poppenhuis
kućica za lutke
geschenk
poklon

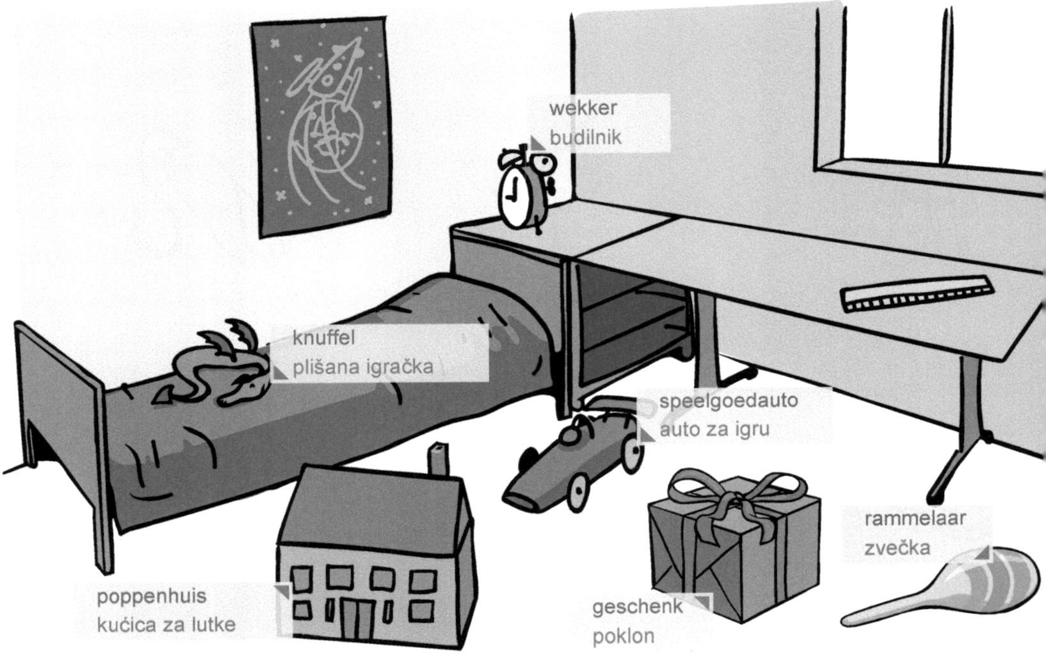

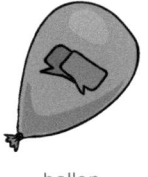

ballon
balon

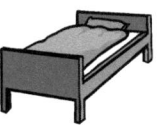

bed
krevet

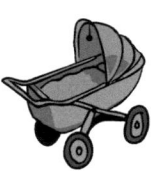

kinderwagen
kolica za djecu

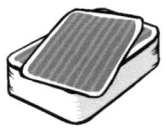

spel kaarten
karte za igranje

puzzel
puzle

SUPER
MEGA

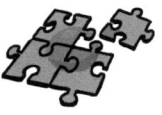

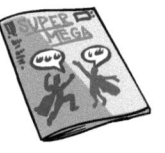

stripboek
strip

legoblokjes

lego kockice

blokken

kockice za gradnju

actiefiguur

akcione figure

kruippakje

benkica

frisbee

frizbi

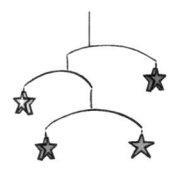

mobiel

mobile

bordspel

igra na ploči

dobbelsteen

kocka

modelspoorweg

miniatura željeznice

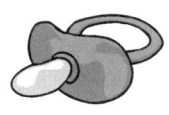

fopspeen

cucla

feest

zabava

prentenboek

slikovnica

bal

lopta

pop

lutka

spelen

igrati

zandbak
pješćanik

schommel
ljuljačka

speelgoed
igračke

spelconsole
konzola za igru

driewieler
triciklo

knuffelbeer
medvjedić

kleerkast
ormar

kleding
odjeća

sokken
kratke čarape

kousen
čarape

maillot
hulahopke

sjaal
šal

paraplu
kišobran

riem
kaiš

T-shirt
majica kratkih rukava

slippers
papuče

laarzen
čizme

sneakers
patike

sandalen
sandale

schoenen
cipele

rubberlaarzen
gumene čizme

onderbroek
gaće

beha
grudnjak

onderhemd
potkošulja

kleding - odjeća   45

lichaam

bodi

broek

hlače

jeans

farmerke

rok

suknja

blouse

bluza

hemd

košulja

trui

džemper

capuchontrui

majica

blazer

sako

jas

jakna

jas

mantil

regenjas

kišni mantil

kostuum

kostim

jurk

haljina

trouwjurk

vjenčanica

kleding - odjeća

pak

odijelo

nachthemd

spavaćica

pyjama

pidžama

sari

sari

hoofddoek

marama

tulband

turban

boerka

burka

kaftan

kaftan

abaya

abaja

badpak

kupaći kostim

zwembroek

kupaće gaće

short

kratke hlače

trainingspak

trenerka

schort

pregača

handschoenen

rukavice

knoop

dugme

bril

naočare

armband

narukvica

ketting

ogrlica

ring

prsten

oorbel

naušnica

pet

kapa

kapstok

vješalica

hoed

šešir

das

kravata

rits

patentni zatvarač

helm

kaciga

bretellen

tregeri za hlače

schooluniform

školska uniforma

uniform

uniforma

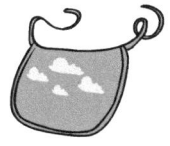

slabbetje

podbradak

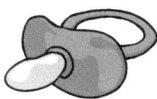

fopspeen

cucla

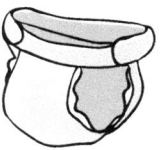

luier

pelene

kantoor

ured

server
server
dossierkast
ormar za kartoteku
printer
štampač
papier
papir
monitor
monitor
muis
miš
bureau
pisaći sto
map
registrator
toestenbord
tastatura
papiermand
korpa za papir
stoel
stolica
computer
kompjuter

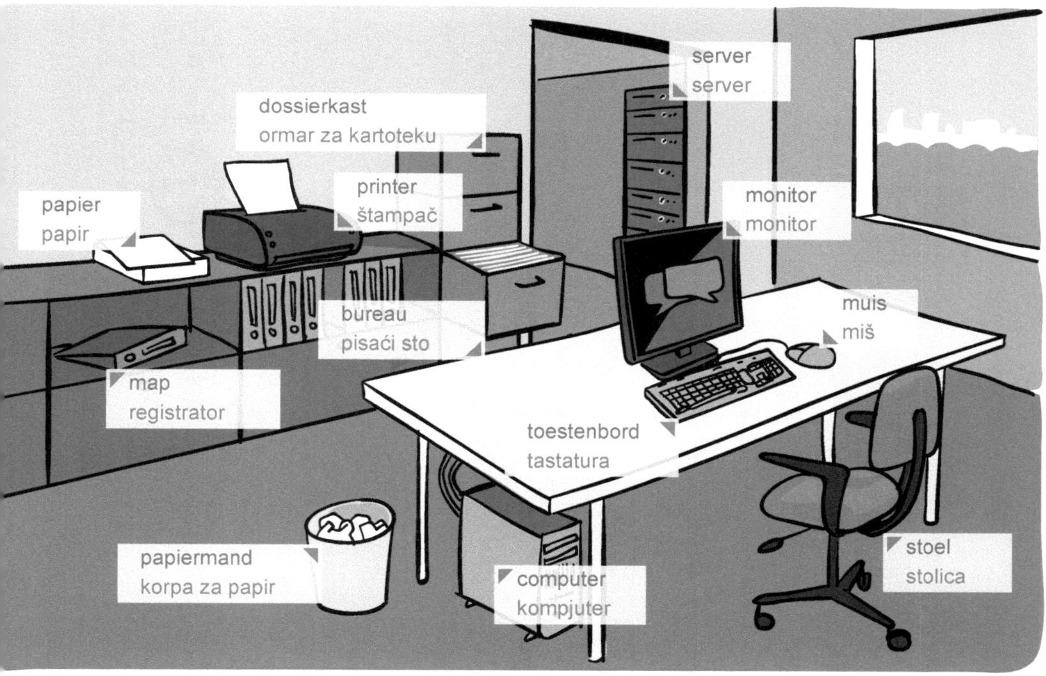

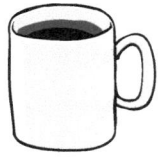

koffiemok

šolja za kafu

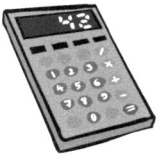

rekenmachine

kalkulator

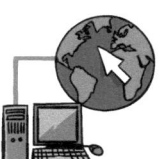

internet

internet

laptop

laptop

brief

pismo

bericht

poruka

gsm

mobilni telefon

netwerk

mreža

kopieerapparaat

aparat za kopiranje

software

softver

telefoon

telefon

stopcontact

utičnica

fax

faks

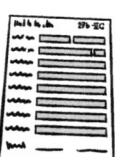

formulier

formular

document

dokument

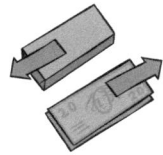

kopen
kupovati

betalen
platiti

handelen
trgovati

geld
novac

USD

dollar
dolar

EUR

euro
euro

JPY

yen
jen

RUB

roebel
rublja

CHF

Zwitserse frank
franak

CNY

Chinese renminbi
renminbi jen

INR

roepie
rupi

geldautomaat
bankomat

wisselkantoor

mjenjačnica

goud

zlato

zilver

srebro

olie

nafta

energie

energija

prijs

cijena

contract

ugovor

belasting

porez

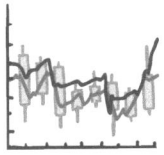

aandeel

akcija

werken

raditi

werknemer

službenik

werkgever

poslodavac

fabriek

fabrika

winkel

radnja

beroepen
zanimanja

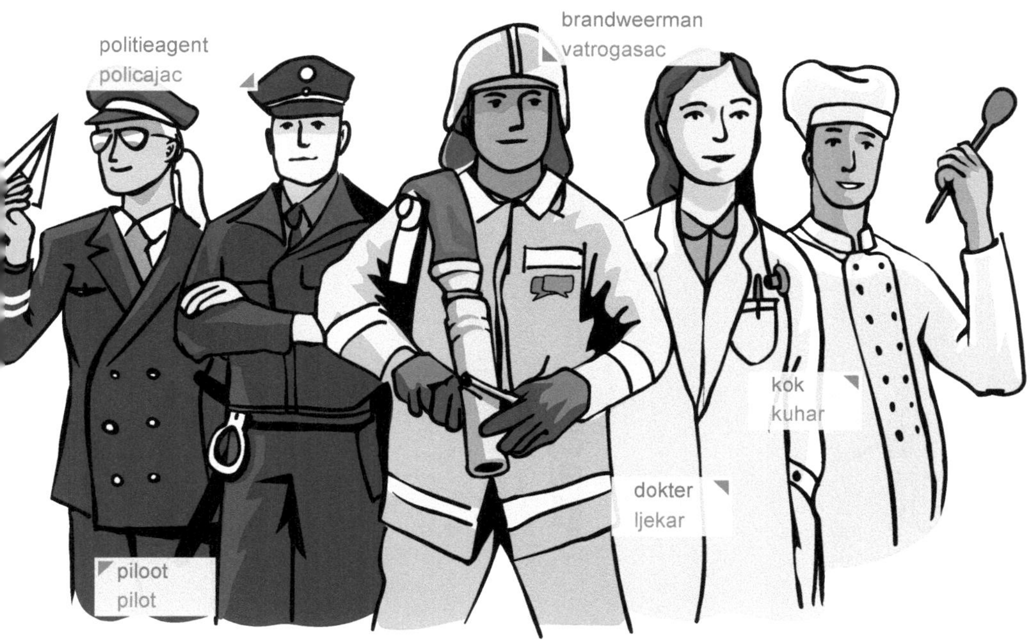
politieagent
policajac
brandweerman
vatrogasac
kok
kuhar
dokter
ljekar
piloot
pilot

tuinman

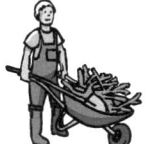

baštovan

timmerman

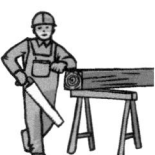

stolar

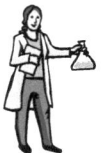

naaister

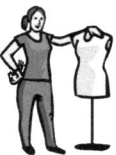

krojačica

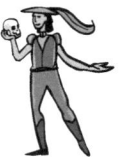

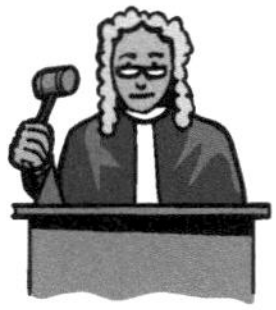

rechter

sudija

chemicus

hemičar

acteur

glumac

buschauffeur

vozač autobusa

taxichauffeur

vozač taksija

visser

ribar

schoonmaakster

čistačica

dakdekker

krovopokrivač

ober

konobar

jager

lovac

schilder

moler

bakker

pekar

elektricien

električar

bouwvakker

građevinski radnik

ingenieur

inženjer

slager

koljač

loodgieter

limar, vodoinstalater

postbode

poštar

soldaat

vojnik

architect

arhitekta

kassier

blagajnik

bloemist

cvjećar

kapper

frizer

conducteur

kontrolor

mecanicien

mehaničar

kapitein

kapiten

tandarts

zubar

wetenschapper

naučnik

rabbijn

rabin

imam

imam

monnik

monah

geestelijke

sveštenik

werktuigen
alat

hamer
čekić
tang
kliješta
schroevendraaier
izvijač
schroefsleutel
vijčani ključ
zaklamp
džepna lampa

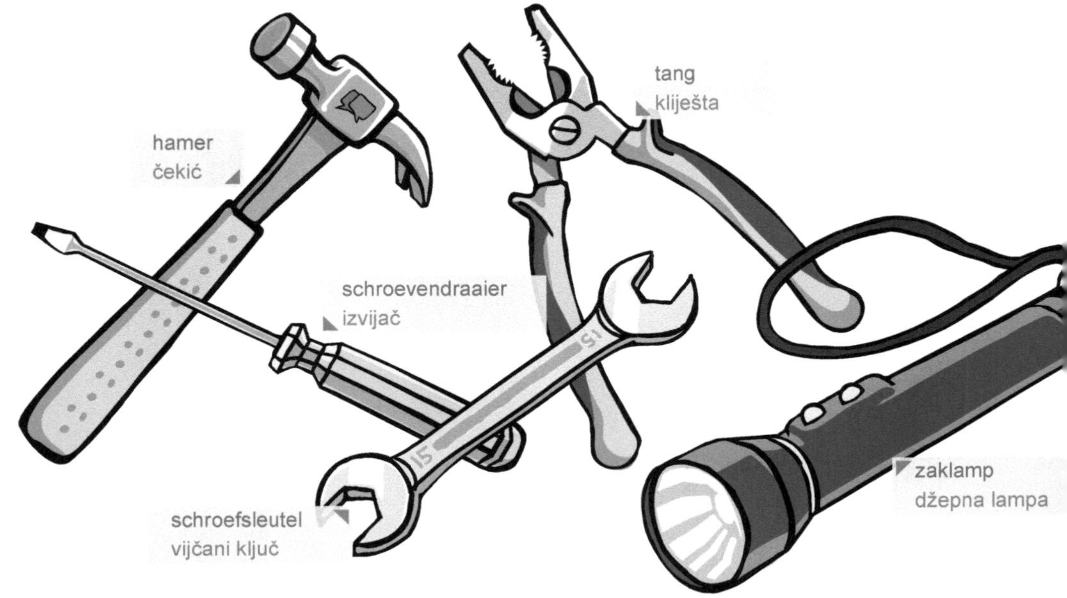

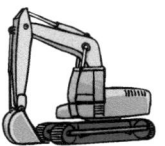

graafmachine

bager

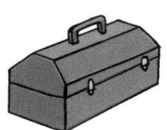

gereedschapskoffer

kutija sa alatom

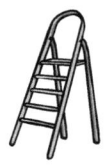

ladder

ljestve

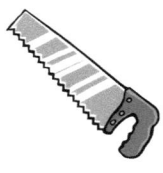

zaag

testera, pila

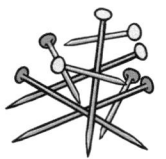

spijkers

ekser

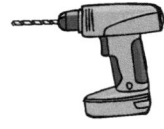

boormachine

bušilica

repareren

popraviti

schop

lopata

Verdomme!

sranje!

blik

lopatica

verfpot

kanta boje

schroeven

vijak

muziekinstrumenten
muzički instrumenti

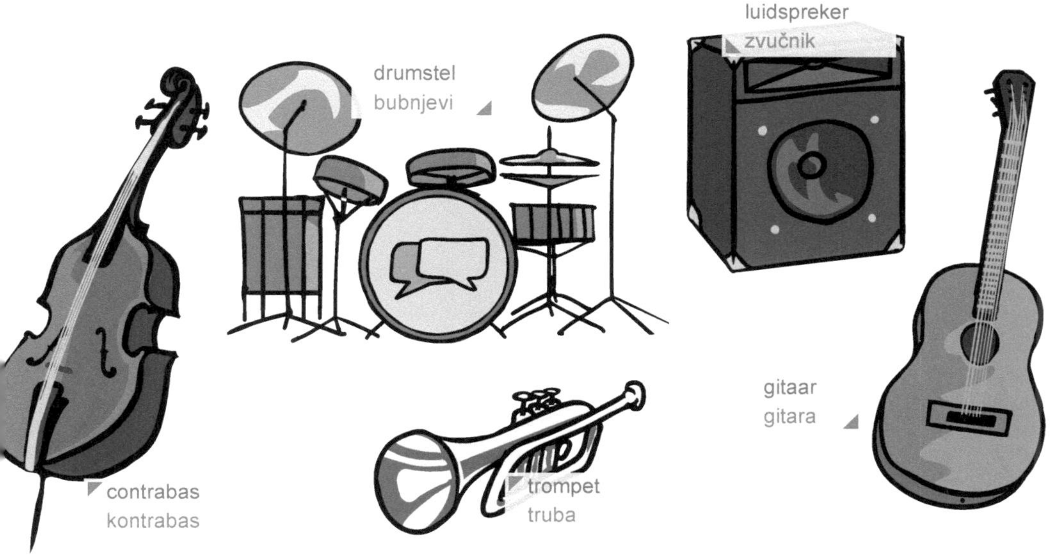

luidspreker
zvučnik

drumstel
bubnjevi ◢

gitaar
gitara ◢

◤ contrabas
kontrabas

trompet
truba

piano
klavir

viool
violina

basgitaar
bas

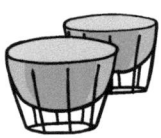

pauk
bubanj timpani

trommels
bubanj

keyboard
sintisajzer

saxofoon
saksofon

fluit
flauta

microfoon
mikrofon

zoo
zološki vrt

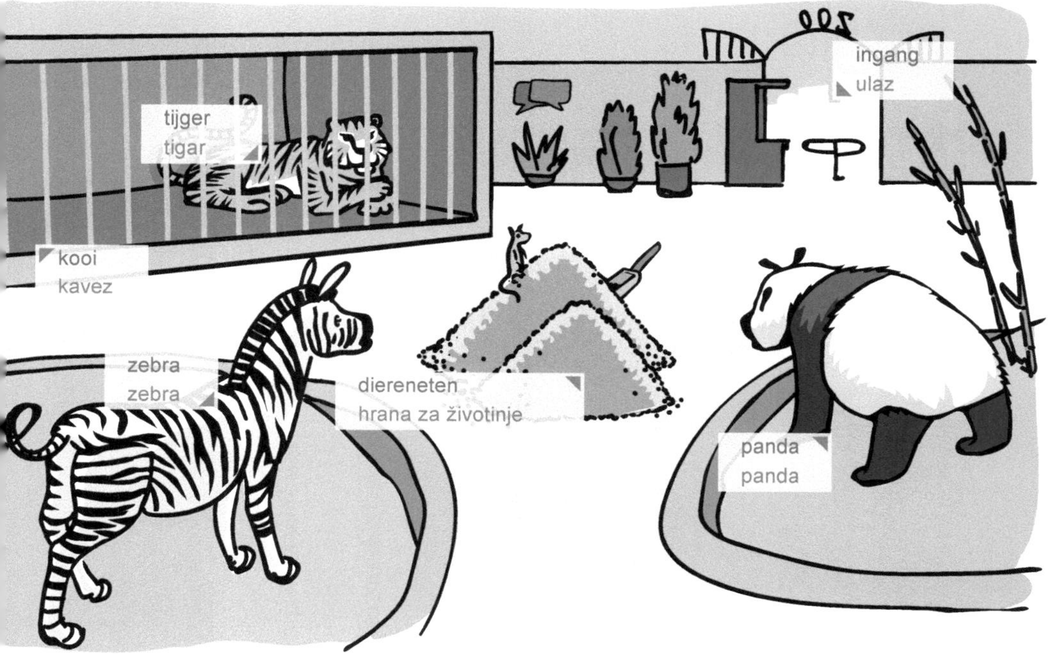
ingang
ulaz
tijger
tigar
kooi
kavez
zebra
zebra
diereneten
hrana za životinje
panda
panda

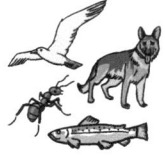

dieren
životinje

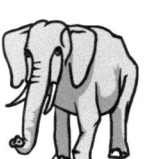

olifant
slon

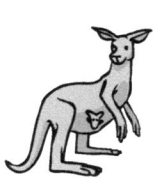

kangoeroe
kengur

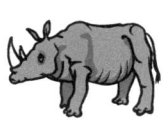

neushoorn
nosorog

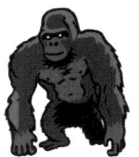

gorilla
gorila

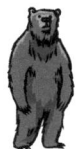

beer
medvjed

kameel

kamila

struisvogel

noj

leeuw

lav

aap

majmun

flamingo

flamingo

papegaai

papagaj

ijsbeer

polarni medvjed

pinguïn

pingvin

haai

morski pas

pauw

paun

slang

zmija

krokodil

krokodil

dierenverzorger

čuvar u zološkom vrtu

zeehond

tuljan

jaguar

jaguar

pony
poni

luipaard
leopard

nijlpaard
nilski konj

giraffe
žirafa

adelaar
orao

wild zwijn
divlja svinja

vis
riba

zeeschildpad
kornjača

walrus
morž

vos
lisica

gazelle
gazela

rugby
američki fudbal

wielrennen
vožnja bicikla

tennis
tenis

basketbal
košarka

zwemmen
plivanje

boksen
boks

ijshockey
hokej na ledu

voetbal
fudbal

badminton
bedminton

atletiek
laka atletika

handbal
rukomet

skiën
skijanje

polo
polo

springen
skakati

knuffelen
zagrliti

lachen
smijati se

zingen
pjevati

wandelen
ići

dromen
sanjati

bidden
moliti

kussen
ljubiti

schrijven
pisati

tekenen
crtati

tonen
pokazati

duwen
gurati

geven
dati

nemen
uzeti

hebben

imati

doen

raditi

zijn

biti

staan

stajati

lopen

trčati

trekken

vući

gooien

baciti

vallen

pasti

liggen

ležati

wachten

čekati

dragen

nositi

zitten

sjediti

aankleden

obući

slapen

spavati

ontwaken

probuditi

kijken naar

pogledati

wenen

plakati

aaien

milovati

kammen

češljati

praten

govoriti

begrijpen

razumjeti

vragen

pitati

luisteren

slušati

drinken

piti

eten

jesti

opruimen

pospremiti

houden van

voljeti

koken

kuhati

rijden

voziti

vliegen

letjeti

zeilen

jedriti

rekenen

računati

Lezen

čitati

leren

učiti

werken

raditi

trouwen

vjenčavti

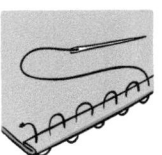

naaien

šiti

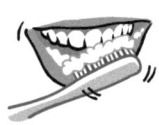

tandenpoetsen

prati zube

doden

ubiti

roken

pušiti

sturen

slati

grootmoeder
baka

grootvader
djed

vader
otac

moeder
majka

baby
beba

dochter
kćerka

zoon
sin

gast

gost

tante

ujna, tetka, strina

oom

ujak, tetak, stric

broer

brat

zus

sestra

lichaam
tijelo

voorhoofd
čelo
oog
oko
schouder
leđa
vinger
prst
gezicht
lice
kin
brada
hand
ruka, šaka
been
noga
borst
grudi
arm
ruka

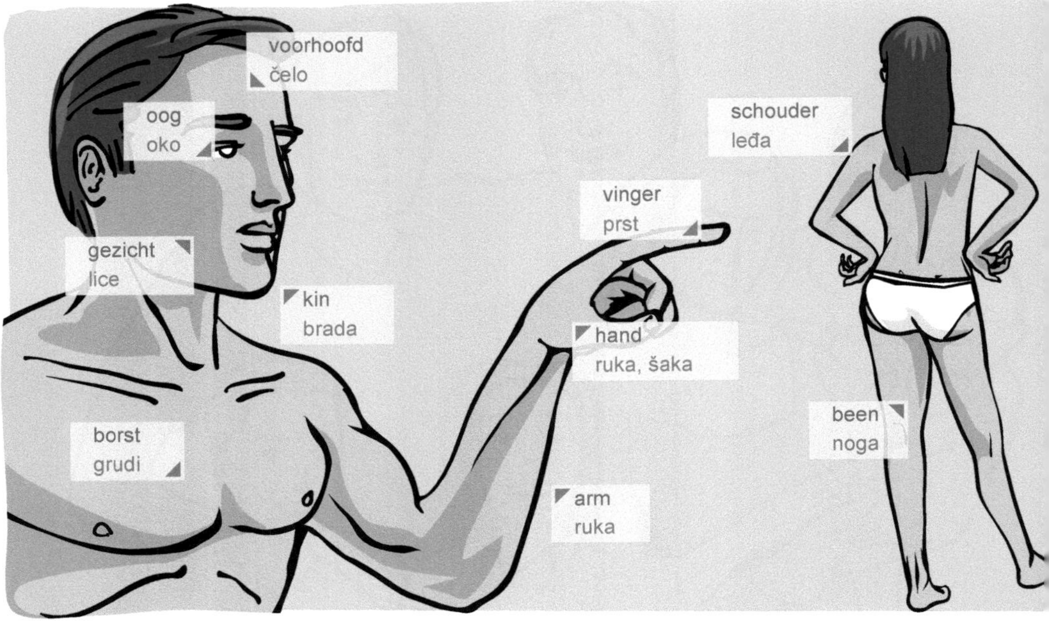

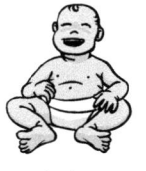

baby
beba

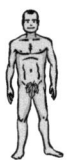

man
muškarac

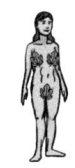

vrouw
žena

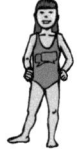

meisje
djevojčica

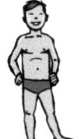

jongen
dječak

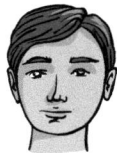

hoofd
glava

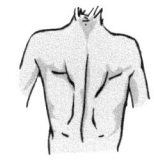

rug
leđa

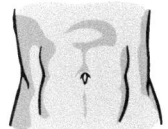

buik
stomak

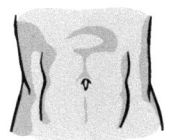

navel
pupak

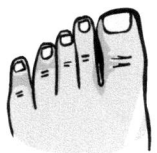

teen
nožni prst

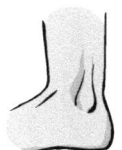

hiel
peta

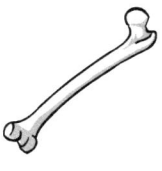

bot
kosti

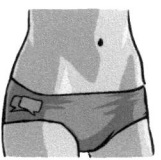

heup
kuk

knie
koljeno

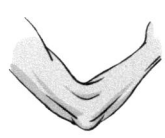

elleboog
lakat

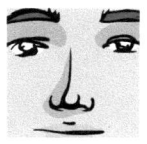

neus
nos

zitvlak
stražnjica

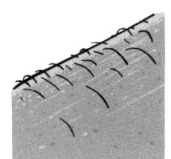

huid
koža

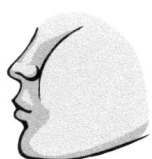

wang
obraz

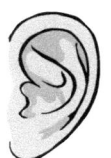

oor
uho

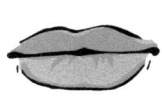

lip
usna

mond
usta

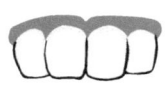

tand
zub

tong
jezik

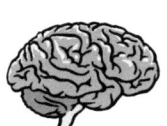

hersenen
mozak

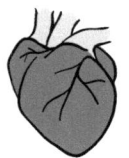

hart
srce

spier
mišić

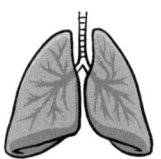

long
pluća

lever
jetra

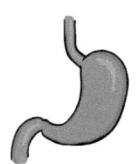

maag
želudac

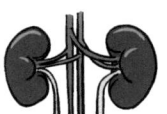

nieren
bubreg

seks
spolni odnos

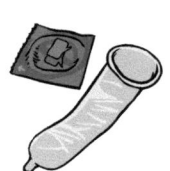

condoom
kondom

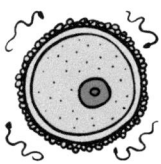

eicel
jajna ćelija

sperma
sperma

zwangerschap
trudnoća

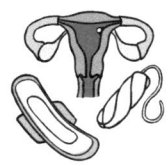

menstruatie
menstruacija

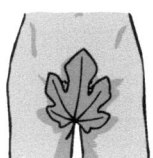

vagina
vagina

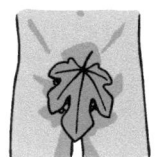

penis
penis

wenkbrauw
obrva

haar
kosa

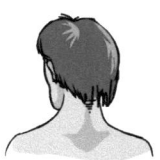

nek
vrat

ziekenhuis
bolnica

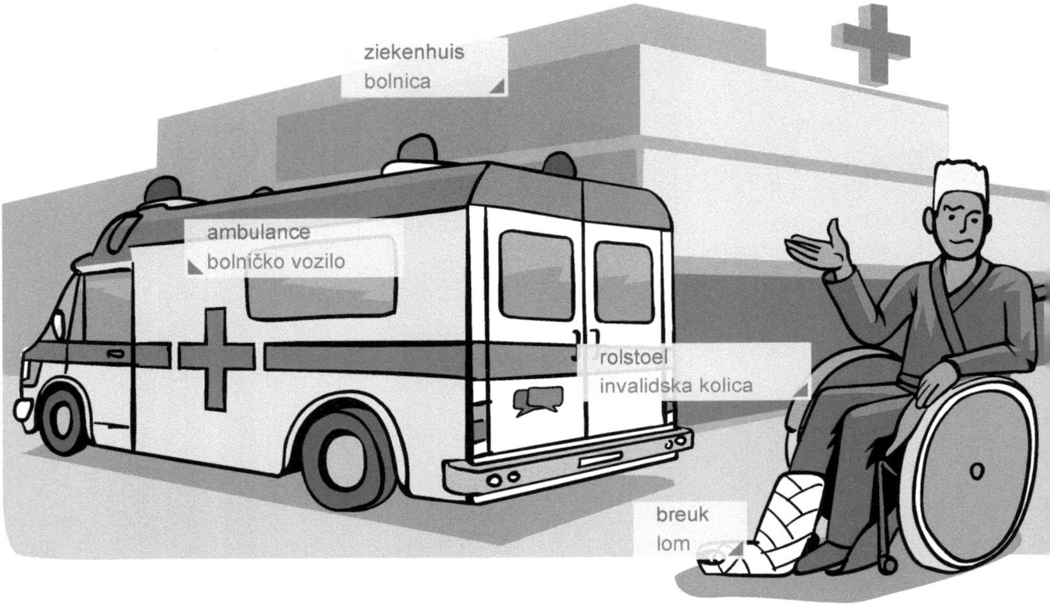

ziekenhuis
bolnica
ambulance
bolničko vozilo
rolstoel
invalidska kolica
breuk
lom

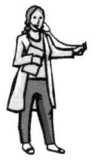

dokter

ljekar

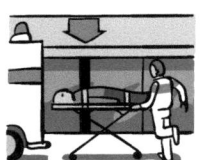

spoed

hitna služba

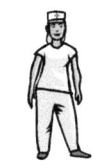

verpleegkundige

medicinska sestra

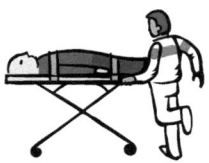

noodgeval

hitna pomoć

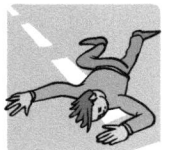

bewusteloos

nesvjest

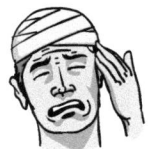

pijn

bol

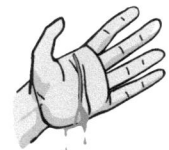

verwonding
povreda

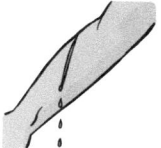

bloeding
krvarenje

hartaanval
srčani udar, infarkt

beroerte
moždani udar

allergie
alergija

hoest
kašalj

koorts
groznica

griep
gripa

diarree
proljev

hoofdpijn
glavobolja

kanker
rak

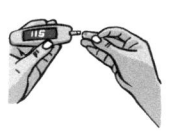

diabetes
dijabetes

chirurg
hirurg

scalpel
skalpel

operatie
operacija

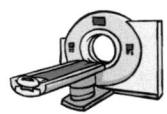

CT

CT

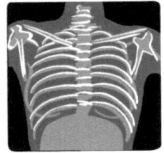

röntgenstraal

rendgen

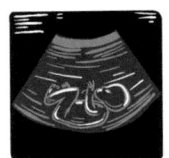

ultrageluid

ultrazvuk

gezichtsmasker

maska

ziekte

bolest

wachtkamer

čekaonica

kruk

štake

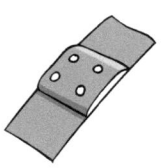

pleister

flaster

verband

zavoj

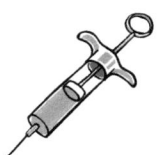

injectie

injekcija

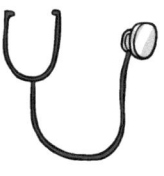

stethoscoop

stetoskop

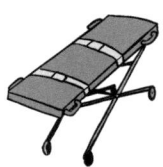

brancard

nosilo

thermometer

termometar

geboorte

porod

overgewicht

prekomjerna težina, debljina

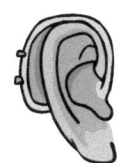

hooorapparaat

slušni aparat

ontsmettingsmiddel

sredstvo za dezinfekciju

infectie

infekcija

virus

virus

HIV / AIDS

HIV/ AIDS

medicijn

medicina

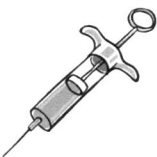

vaccinatie

vakcinacija

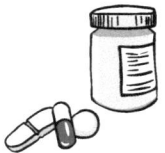

tabletten

tablete

pil

pilula

noodoproep

hitni poziv

bloeddrukmeter

aparat za mjerenje pritiska

ziek / gezond

bolestan / zdrav

Help!	alarm	overval
Upomoć!	alarm	napad, prepad
aanval	gevaar	nooduitgang
napad	opasnost	izlaz u slučaju opasnosti
Brand!	brandblusser	ongeval
Požar!	vatrogasni aparat	nezgoda
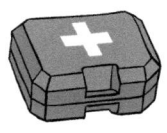EHBO-kit	SOS	politie
torba prve pomoći	SOS	policija

Europa

Europa

Noord-Amerika

Sjeverna Amerika

Zuid-Amerika

Južna Amerika

Afrika

Afrika

Azië

Azija

Australië

Australija

Atlantische Oceaan

Atlantik

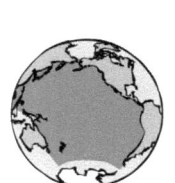

Stille Oceaan

Pacifik

Indische Oceaan

Indijski okean

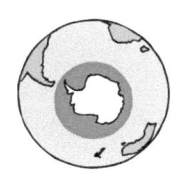

Antarctische Oceaan

Antarktički okean

Arctische Oceaan

Arktički okean

Noordpool

Sjeverni pol

Zuidpool
Južni pol

Antarctica
Antarktik

aarde
Zemlja

land
zemlja

zee
more

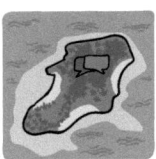

eiland
ostrvo

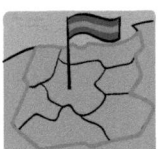

natie
nacija

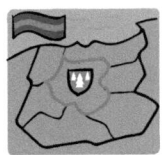

staat
država

wijzerplaat

brojčanik sata

uurwijzer

kazaljka sata

minuutwijzer

kazaljka minute

secondewijzer

kazaljka sekunde

Hoe laat is het?

Koliko je sati?

dag

dan

tijd

vrijeme

nu

sada

digitale horloge

digitalni sat

minuut

minuta

uur

sat

week

sedmica, nedjelja

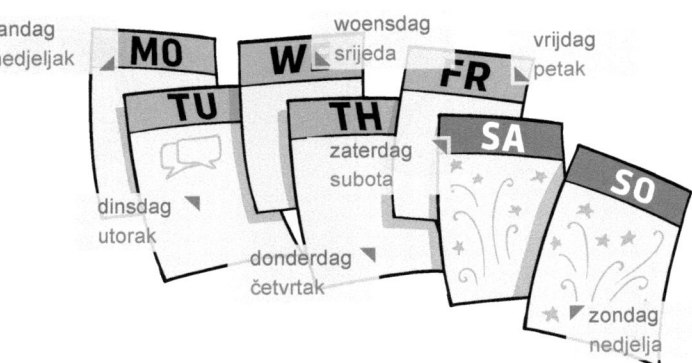

maandag
ponedjeljak

MO

TU

dinsdag
utorak

woensdag
W srijeda

TH

donderdag
četvrtak

zaterdag
subota

vrijdag
FR petak

SA

SO

zondag
nedjelja

gisteren

juče

vandaag

danas

morgen

sutra

ochtend

jutro

middag

podne

avond

veče

werkdagen

radni dani

weekend

vikend

regen
kiša

regenboog
duga

wind
vjetar

sneeuw
snijeg

lente
proljeće

herfst
jesen

zomer
ljeto

winter
zima

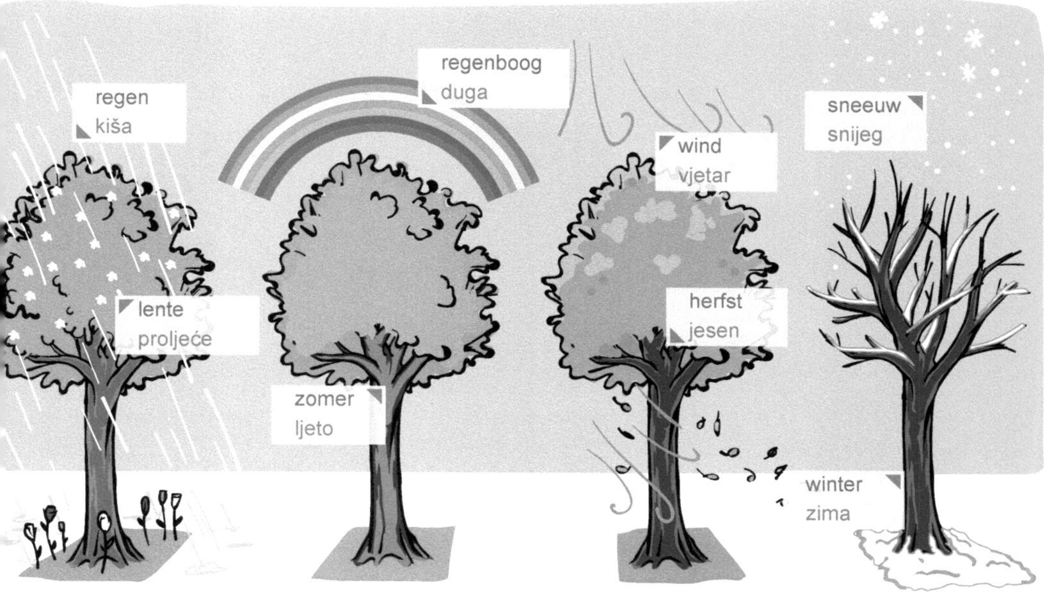

weervoorspelling

prognoza vremena

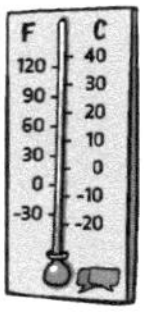

thermometer

termometar

zonneschijn

sunčev sjaj

wolk

oblak

mist

magla

vochtigheid

vlažnost vazduha

bliksem

munja

donder

grom

storm

oluja

hagel

tuča, led

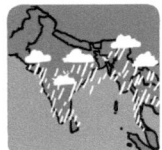

moesson

monsun

overstroming

poplava

ijs

led

januari

januar

februari

februar

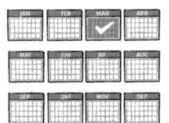

maart

mart

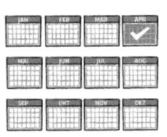

april

april

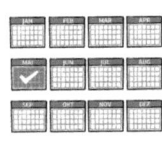

mei

maj

juni

juni

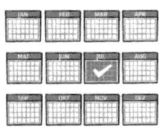

juli

juli

augustus

avgust

jaar - godina

september
....
septembar

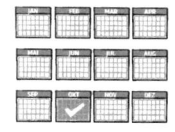

oktober
....
oktobar

november
....
novembar

december
....
decembar

vormen
oblici

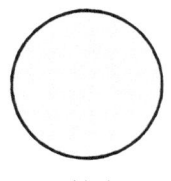

cirkel
....
krug

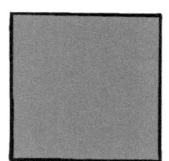

kwadraat
....
kvadrat

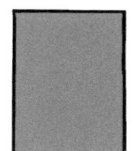

rechthoek
....
pravougao

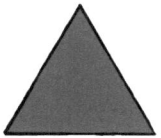

driehoek
....
trougao

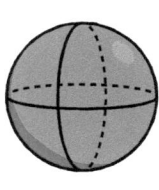

bol
....
kugla

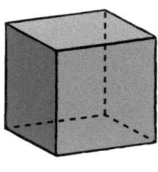

kubus
....
kocka

wit

bjel

geel

žut

oranje

narandžast

roze

pink

rood

crven

paars

ljubičast

blauw

plav

groen

zelen

bruin

smeđ

grijs

siv

zwart

crn

veel / weinig

malo / mnogo

boos / kalm

ljutit / miran

mooi / lelijk

lijep / ružan

begin / einde

početak / kraj

groot / klein

veliki / mali

licht / donker

svijetlo / tamno

broer / zus

brat / sestra

proper / vuil

čist / prljav

volledig / onvolledig

potpun / nepotpun

dag / nacht

dan / noć

dood / levend

mrtav / živ

breed / smal

široko / usko

eetbaar / oneetbaar

ukusno / neukusno

kwaadaardig / vriendelijk

zao / prijatan

opgewonden / verveeld

uzbuđen / dosadan

dik / dun

debeo / mršav

eerst / laatst

najprije / najkasnije

vriend / vijand

prijatelj / neprijatelj

vol / leeg

pun / prazan

hard / zacht

trvd / mekan

zwaar / licht

težak / lagan

honger / dorst

glad / žeđ

ziek / gezond

bolestan / zdrav

illegaal / legaal

ilegalan / legalan

intelligent / dom

inteligentan / glup

links / rechts

lijevo / desno

dichtbij / veraf

blizu / daleko

nieuw / gebruikt

nov / polovan

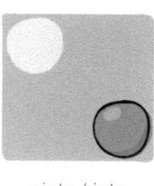

niets / iets

ništa / nešto

oud / jong

star / mlad

aan / uit

uključeno / isključeno

open / dicht

otvoreno / zatvoreno

stil / luid

tiho / glasno

rijk / arm

bogat / siromašan

juist / fout

tačno / pogrešno

ruw / glad

hrapav / glatak

droevig / blij

tužan / srećan

kort / lang

kratak / dug

traag / snel

spor / brz

nat / droog

mokro / suho

warm / koud

toplo / hladno

oorlog / vrede

rat / mir

0

nul
nula

1

één
jedan

2

twee
dva

3

drie
tri

4

vier
četiri

5

vijf
pet

6

zes
šest

7

zeven
sedam

8

acht
osam

9

negen
devet

10

tien
deset

11

elf
jedanaest

12

twaalf
dvanaest

13

dertien
trinaest

14

veertien
četrnaest

15

vijftien
petnaest

16

zestien
šesnaest

17

zeventien
sedamnaest

18

achtien
osamnaest

19

negentien
devetnaest

20

twintig
dvadeset

100

honderd
sto

1.000

duizend
hiljada

1.000.000

miljoen
milion

Engels

engleski

Amerikaans Engels

američki engleski

Chinees (Mandarijn)

kinesko mandarinski

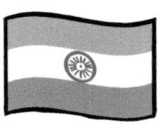

Hindi

hindi

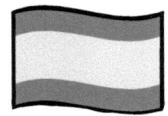

Spaans

španski

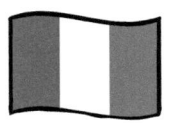

Frans

francuski

Arabisch

arapski

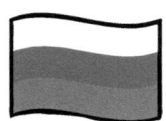

Russisch

ruski

Portugees

portugalski

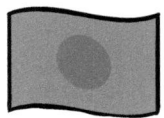

Bengali

bengalski

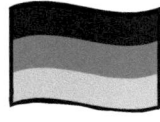

Duits

njemački

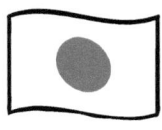

Japans

japanski

ik
ja

u
ti

hij / zij / het
on / ona / ono

wij
mi

u
vi

ze
oni

wie?
ko?

wat?
šta?

hoe?
kako?

waar?
gdje?

wanneer?
kada?

naam
ime

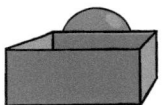

achter

iza

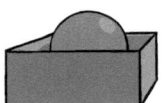

in

u

voor

pred

boven

iznad

op

na

onder

ispod

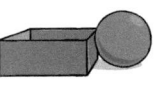

naast

pored

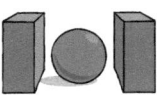

tussen

između

plaats

mjesto